Christine Späth / Marion Sailer

Und jetzt ihr!

Basisgrammatik für Jugendliche

Deutsch als Fremdsprache

Lösungsschlüssel

Max Hueber Verlag

Dieses Werk folgt der seit dem 1. August 1998 gültigen Rechtschreib-
reform. Ausnahmen bilden Texte, bei denen künstlerische, philologische
oder lizenzrechtliche Gründe einer Änderung entgegenstehen.

€ 3. 2.   Die letzten Ziffern
2006 05 04 03   bezeichnen Zahl und Jahr des Druckes.
Alle Drucke dieser Auflage können, da unverändert,
nebeneinander benutzt werden.
1. Auflage
© 2002 Max Hueber Verlag, D-85737 Ismaning
Titelfoto: Gerd Pfeiffer, München
Layout: Klaus Häupl Grafik Design, München
Herstellung: Astrid Hansen
Druck und Bindung: J. P. Himmer GmbH & Co. KG, Augsburg
Printed in Germany
ISBN 3–19–017338–9

Seite 10
Präsens – Bildung
Einfache Verben

1.
wohnen, spielen, schreiben, kochen, fragen, tun, wandern

Die Infinitivendung ist immer *-en* oder *-n*.

2. a
ich wohne, du wohnst, Sie wohnen, er/es/sie wohnt,
wir wohnen, ihr wohnt, Sie wohnen, sie wohnen
b
ich → e, du → st, Sie → en, er/es/sie → t, wir → en, ihr → t,
Sie → en, sie → en

3.
ich komme, du kommst, Sie kommen, er/es/sie kommt,
wir kommen, ihr kommt, Sie kommen, sie kommen

4.

ich	schreibe	lerne	frage
du	schreibst	lernst	fragst
Sie	schreiben	lernen	fragen
er/es/sie	schreibt	lernt	fragt
wir	schreiben	lernen	fragen
ihr	schreibt	lernt	fragt
Sie	schreiben	lernen	fragen
sie	schreiben	lernen	fragen

Seite 11

ich	trinke	spiele	wandere
du	trinkst	spielst	wanderst
Sie	trinken	spielen	wandern
er/es/sie	trinkt	spielt	wandert
wir	trinken	spielen	wandern
ihr	trinkt	spielt	wandert
Sie	trinken	spielen	wandern
sie	trinken	spielen	wandern

5.
du hörst/wohnst, ich trinke, er/es/sie schreibt/kocht/kommt,
ihr schreibt/kocht/kommt, wir lernen, Sie lernen, sie lernen

6. a
1. kommt, 2. wohnt, 3. geht, 4. gehen, 5. kommen
b
1. geht, 2. lernst, 3. trinken, 4. fragt, Kochen, 5. machen,
6. wohnst, 7. schreibe

Seite 12

7. a
kommt, wohnt, geht, spielt, hört

8. a
ich heiße, du heißt, Sie heißen, er/es/sie heißt, wir heißen, ihr
heißt, Sie heißen, sie heißen
b
du heißt = er/es/sie heißt

Endet der Verbstamm auf *ß, s, ss, z, tz* ist die 2. Person Singular
(*du*) = 3. Person Singular (*er/es/sie*). Die Endung ist *-t* (nicht *-st*).

9.
du reist, er/es/sie reist; du sitzt, er/es/sie sitzt; du küsst,
er/es/sie küsst; du siezt, er/es/sie siezt

Seite 13
10.
heißt, heiße, du, kommst, Ich, wohne, du, Ich, kommen, ich,
ihr, heiße, sie, Gehst

11.
ich antworte, du antwortest, Sie antworten, er/es/sie antwortet, wir antworten, ihr antwortet, Sie antworten, sie antworten

Endet der Verbstamm auf *t* oder *d*, dann ist in der 2. Person
Singular und Plural (*du/ihr*) und in der 3. Person Singular
(*er/es/sie*) ein *e* vor der Endung *-st* und *-t*.

12.
du wartest, er/es/sie wartet, ihr wartet
du badest, er/es/sie badet, ihr badet

13.
1. arbeite, 2. fragt, Arbeiten, 3. antwortet, arbeite, 4. arbeitet,
wartet, 5. kommt, bittet, 6. redet, antwortet

Seite 14
Besondere Verben

1.
fahren: ich fahre, du fährst, Sie fahren, er/es/sie fährt,
wir fahren, ihr fahrt, Sie fahren, sie fahren
lesen: ich lese, du liest, Sie lesen, er/es/sie liest, wir lesen,
ihr lest, Sie lesen, sie lesen
nehmen: ich nehme, du nimmst, Sie nehmen, er/es/sie nimmt,
wir nehmen, ihr nehmt, Sie nehmen, sie nehmen

Einige Verben wechseln den Vokal in der 2. (*du*) und
3. (*er/es/sie*) Person Singular: *a* → *ä* und *e* → *i(e)*.

Seite 15
2.
a → *ä*: fallen → er/es/sie fällt, tragen → er/es/sie trägt, fahren →
er/es/sie fährt, waschen → er/es/sie wäscht, halten → er/es/sie
hält
e → *i(e)*: geben → er/es/sie gibt, treffen → er/es/sie trifft, lesen →
er/es/sie liest, nehmen → er/es/sie nimmt, helfen → er/es/sie
hilft, sehen → er/es/sie sieht

3.
du nimmst/fällst/liest, ich helfe, er/es/sie trifft/gibt/liest/fährt,
Sie waschen, wir waschen, ihr seht/fahrt, sie waschen

4.
2. Sag mal, liest du gerade? – Ja, ich lese. 3. Sag mal, sprichst
du ein bisschen Deutsch? – Ja, ich spreche ein bisschen Deutsch.
4. Sag mal, schläfst du gern lange? – Ja, ich schlafe gern lange.
5. Sag mal, isst du gern Pizza? – Ja, ich esse gern Pizza. 6. Sag
mal, fährst du mit dem Bus nach Hause? – Ja, ich fahre mit dem
Bus nach Hause.

Seite 16
Das Verb *mögen* ändert den Vokal in der 1. (*ich*), 2. (*du*) und
3. (*er/es/sie*) Person Singular: *ö* → *a*.

5.
1. Magst, 2. mag, 3. Mögen, 4. mögen, 5. mag, 6. mag,
7. mögen

Auch das Verb *wissen* wechselt den Vokal in der 1., 2. (*du*) und
3. Person Singular: *i* → *ei*.

6. a
2. Mein Freund weiß alles besser. 3. Ich weiß, dass ich nichts weiß. 4. Wisst ihr, woher Peter kommt? 5. Wir wissen nichts über den Unfall. 6. „Frau Huber, wissen Sie, wann Peter nach Hause kommt?" 7. Julia und Alex wissen leider nichts über Karl den Großen.

Seite 17
b
ich weiß, du weißt, Sie wissen, er/es/sie weiß, wir wissen, ihr wisst, Sie wissen, sie wissen

7.
weiß, wissen, weiß, Wissen, weiß, Weißt

8.
1. bin, 2. Seid, 3. Bist, 4. ist, sind, bin, 5. sind, 6. Ist, 7. Seid

Seite 18
9.
1. Hast, 2. habe, 3. hat, 4. haben, haben, 5. Hast, 6. Habt, 7. Haben

10.
hat, sind, haben, ist, ist, ist, hat, ist, ist, haben, haben, ist, hat

11.
2. Lisa ist Schülerin. 3. Lisa hat nette Eltern. 4. Lisa hat keine Geschwister. 5. Lisa hat eine Katze. 6. Lisa hat einen Opa und eine Oma. 7. Lisa ist sehr schön.

Seite 19
12.
(Hier musst du deinen Lehrer / deine Lehrerin fragen, ob deine Lösung richtig ist. Zum Beispiel:)
Ich bin schön. Ich bin … Jahre alt.
Ich habe nette Eltern. Ich habe eine Katze. Ich habe einen Hund.

13.
1. wird, 2. werde, 3. wird, 4. Wirst, 5. werden, 6. wird

14.
2. Peter hat Kopfschmerzen. Hoffentlich wird er nicht krank. 3. Mariechen hat bald Geburtstag. Sie wird 2 Jahre alt. 4. Lisa ist 16. Im September wird sie 17.

Seite 20
15.
trennbar: anrufen, zuhören, aufhören
nicht-trennbar: verkaufen, besuchen, bezahlen, erzählen, gehören
einfache Verben: suchen, zählen, hören, kaufen

Seite 21
16.
trennbar: ruft … an, lädt … ein, sagt … ab, räumt … auf, kauft … ein, bereitet … vor, bringen … mit, zieht … an und … aus, hält … zu, hört … auf
nicht-trennbar: besorgt, gefällt, entscheidet, beginnt
einfach: macht, feiert, spült, kaufen, ist, steht, kommen, macht, wird, feiern, tanzen, lachen, reden, liegt, denkt

Bei trennbaren Verben steht das Basisverb auf Position 2, die trennbare Vorsilbe am Ende. Das nicht-trennbare Verb steht auf Position 2.

Trennbare Verben: Die Vorsilbe ist betont. Nicht-trennbare Verben: Das Basisverb ist betont.

18.
gefallen – aufwachen – ankommen – besuchen – versuchen – abfahren – mitnehmen – entscheiden

Seite 22
19. a
trennbar: mitkommen, vorhaben, zuhören
nicht-trennbar: vergessen, verdienen, erklären, versuchen, verstehen
b
1. Kommst … mit, habe … vor, 2. vergesse, 3. versteht, verdient, 4. versuch(e), 5. erklärt, hören … zu, 6. verstehst

20.
2. Julia und Alex gehen abends oft aus. 3. Alex besucht Julia manchmal zu Hause. 4. Familie Huber verreist im Sommer. 5. Peter erzählt Mariechen eine Geschichte. 6. Lisa erklärt Peter die Mathematik-Hausaufgabe. 7. Frau Huber kauft jeden Tag frisches Obst ein. 8. Herr und Frau Huber erziehen Peter und Mariechen sehr liebevoll. 9. Peter steht jeden Tag um 6.15 Uhr auf. 10. Julia versteht die Hausaufgabe nicht.

Seite 23
21.
2. Peter kann gut Gitarre spielen. 3. Im Flugzeug darf man nicht mit dem Handy telefonieren. 4. Lisa muss morgen zum Zahnarzt gehen. 5. Alex will heute nicht in die Schule gehen. 6. Peters Mutter sagt: „Du sollst immer deine Hausaufgaben gleich nach der Schule machen."

In einem Satz mit Modalverb steht meistens ein zweites Verb im Infinitiv am Satzende. Das Modalverb steht auf Position 2.

22.
1. möchten, 2. Möchtest, 3. möchte, 4. Möchtet, 5. möchte, 6. möchten, 7. möchten

Seite 24
23.
1. kannst, kann, kannst, kann, kannst, können, 2. kann, kann, 3. kann, Kannst, 4. könnt, 5. kann

Seite 25
24.
1. darf, 2. dürfen, 3. Dürft, 4. darfst, 5. dürfen

25.
(Hier musst du deinen Lehrer / deine Lehrerin fragen, ob deine Lösung richtig ist.)

26.
muss, muss, musst, musst, müsst, Muss, musst, müssen

Seite 26
27.
(Hier musst du deinen Lehrer / deine Lehrerin fragen, ob deine Lösung richtig ist.)

Seite 27
28.
1. will, 2. will, 3. wollen, 4. will, will, willst, wollt

29. a
1. darfst, 2. musst, 3. musst, 4. musst, 5. darfst, 6. musst
b
Ich soll keine Horrorfilme sehen. Ich soll Mariechen baden. Ich soll Mariechen ins Bett bringen. Ich soll um 22.00 Uhr ins Bett gehen. Ich soll im Bett keine Schokolade essen. Ich soll um 22.30 Uhr das Licht ausmachen.

Seite 28
30. b
Er braucht nicht um 7 Uhr (zu) frühstücken. Um 7.30 braucht er nicht den Bus (zu) nehmen. Er braucht nicht um 8 Uhr in der Schule (zu) sein. Er braucht nicht den ganzen Vormittag viel (zu) lernen. Nachmittags braucht er nicht Hausaufgaben (zu) machen.

Seite 29
31. a
Bilder oben: 2, 1, 3
Bilder unten: 5, 6, 7, 8, 4
b
(Hier musst du deinen Lehrer / deine Lehrerin fragen, ob deine Lösung richtig ist.)

32.
1. darf, 2. kann, 3. kann, 4. darf, 5. kann

33.
Vorteile: Ein Arzt kann viele Menschen kennen lernen. Ein Arzt kann Menschen helfen. Ein Arzt kann interessante Forschungen machen.
Nachteile: Ein Arzt muss immer geduldig sein. Ein Arzt muss auch am Wochenende und in der Nacht arbeiten. Ein Arzt muss Blut sehen.

Seite 30
34
1. muss, 2. muss, dürfen … nicht, 3. dürfen, muss nicht, 4. müssen, darf nicht, 5. darf

35.
1. soll, 2. will, 3. kann, 4. will, 5. Darf, 6. musst, kann, soll, 7. will, darf, soll

36.
(Hier musst du deinen Lehrer / deine Lehrerin fragen, ob deine Lösung richtig ist.)

Seite 33
Perfekt – Bildung
1.
Peter hat in Berlin gewohnt. Herr Huber hat ein Auto gekauft. Lisa ist nach Hause gefahren.

! Das Perfekt bildet man mit dem Präsens von *haben* oder *sein* und dem Partizip II. *haben* oder *sein* steht auf Position 2, das Partizip II steht am (Satz-)Ende.

Bildung des Partizips II
1. a
er hat gewohnt, er hat geduscht, er hat geweint, er hat gesagt, er hat gehört, er hat gelegt, er hat gesucht, er hat gekocht, er hat gezeigt, er hat gemalt, es hat gepasst

Seite 34
b
er hat geglaubt, er hat geputzt, er hat gefrühstückt, er hat gelacht, er hat gemeint, er hat geschenkt, er hat gestellt, er hat gebraucht, er hat gelebt, er hat geträumt

! Endet der Verbstamm auf *d* oder *t*, auf Konsonant + *m* oder *n*, ist die Partizip-Endung *-et*.

2.
hast … gemacht, habe … gefrühstückt, habe … gebadet, haben … gelacht, hat … geweint, habe … geholt, hat … getröstet, habe … gelernt, habe … gemacht, hat … gefeiert, hast … gemacht

! Endet das Verb auf *-ieren*, fällt die Vorsilbe *ge-* weg.

Seite 35
3.
2. buchstabieren, buchstabiert, 3. diskutieren, diskutiert, 4. telefonieren, telefoniert, 5. fotografieren, fotografiert, 6. reparieren, repariert

4.
trennbare Verben: einkaufen → er hat eingekauft, zumachen → er hat zugemacht, vorstellen → er hat vorgestellt, aufpassen → er hat aufgepasst
nicht-trennbare Verben: bezahlen → er hat bezahlt, erzählen → er hat erzählt, verkaufen → er hat verkauft, ergänzen → er hat ergänzt, bestellen → er hat bestellt

Seite 36
5.
habe … gekocht … bedient, habe … geordnet … sortiert, hat … diktiert, habe … aufgepasst, hat … kontrolliert, habe … aufgeräumt … eingepackt, habe … erlebt, hat … bezahlt, habe … verdient, hast … zugehört

6. a
er hat gedacht, er hat gekannt, er ist gerannt, er hat gewusst, er hat genannt

Seite 37
b
er hat gegeben, er hat gehalten, er hat gerufen, er hat gesehen, er hat gefangen
c
er hat geholfen, er hat gelegen, er hat genommen, er hat geschrieben, er hat gesessen, er hat gestanden, er hat getrunken, er hat gesungen, er hat gezogen

7.
zugenommen, beschrieben, abgeschrieben, verstanden, angefangen, angezogen, angerufen, empfunden, ausgesehen, mitgenommen

Seite 38
8.
(Hier musst du deinen Lehrer / deine Lehrerin fragen, ob deine Lösung richtig ist. Zum Beispiel:)
Peter ist aufgestanden. Er hat sich gewaschen. Er hat sich angezogen. Er hat gefrühstückt. Um 8 Uhr hat die Schule begonnen. Er hat Aufsätze geschrieben. Er hat Englisch gelernt. Er hat mit Lisa im Café gesessen und Cola getrunken. Er hat Mariechen ein Lied vorgesungen. Abends hat er ferngesehen. Um Mitternacht hat er geschlafen.

Perfekt mit *haben* oder *sein*
1.
1. Hast, habe, hat, habe, haben, habe, habe, 2. haben, haben

Seite 39
2.
bist … gewesen, bin … geblieben, bist … geblieben, ist … geworden

3. a
er ist gefahren, er ist geflogen, er ist gegangen, er ist gekommen, er ist gereist, er ist gerannt, er ist gestiegen, er ist gelaufen
b
Wann bist du gestern gefahren? Bist du nach Spanien geflogen? Bist du am Wochenende ins Kino gegangen? Wann ist dein Onkel gekommen? Wohin bist du gestern so schnell gelaufen? Bist du schon mal im Schlafwagen gereist? Wohin bist du gerannt? Bist du mit den Eltern auf den Berg gestiegen?

Seite 40
4.
1. ist, 2. ist, 3. hat, 4. hat, 5. ist, 6. hat, 7. ist, 8. ist

5.
haben … gemacht, sind … geflogen, sind … gefahren, haben … gewohnt, ist … aufgestanden, ist … gegangen, hat … kennen gelernt, ist … weggegangen, haben … gemacht, haben … angeschaut, sind gewandert, sind … spazieren gegangen, sind … gestiegen

Seite 41
6.
er ist (groß) geworden, er ist explodiert, er ist aufgewacht, es ist passiert, er ist gewachsen, er ist eingeschlafen

7.
1. ist … aufgewacht, 2. ist … passiert, 3. ist … gewachsen, 4. ist … gestorben, 5. ist … geworden

8.
Peter ist zu spät in die Schule gekommen und hat erzählt: „Also, ich bin wie immer um halb sieben aufgewacht, bin ins Bad gegangen, habe gefrühstückt und (habe) mich angezogen. Dann bin ich zur Bushaltestelle gegangen. Ausnahmsweise ist der Bus pünktlich gekommen. Ich bin eingestiegen, habe mich gesetzt und wir sind losgefahren. Auf einmal ist ein Unfall passiert: Ein Auto hat einen Radfahrer angefahren, der ist gestürzt und hat wie tot am Boden gelegen. Unser Busfahrer hat natürlich sofort angehalten und hat einen Krankenwagen und die Polizei gerufen. Wir haben gewartet und gewartet! Endlich, nach fast 20 Minuten, sind die Polizei und die Sanitäter gekommen. Die Sanitäter haben den Radfahrer ins Krankenhaus gebracht, zum Glück ist er nur verletzt gewesen. Die Polizisten haben uns befragt. Dann ist der Bus endlich weitergefahren. Ich bin an der Schule ausgestiegen und (bin) so schnell wie möglich ins Klassenzimmer gerannt. Ein schlimmer Morgen!"

Seite 42
9. a
Einmal haben drei Nilpferde im Fluss gelegen und sich gelangweilt. Da ist ein Mann gekommen, der wollte die Nilpferde fotografieren. Die drei haben ihm zugesehen, wie er sich den Fotoapparat vor die Augen gehalten hat. Er hat geknipst – aber da war kein Nilpferd mehr zu sehen. Sie sind untergetaucht und der Mann hat nur das Wasser fotografiert. Er hat gewartet. Endlich sind die Nilpferde wieder aufgetaucht. Aber

sie waren jetzt viel weiter unten im Fluss. Der Mann ist schnell dorthin gelaufen. Die Nilpferde haben im Wasser gelegen und zugesehen, wie der Mann gerannt ist. Dann hat er wieder geknipst – aber da war kein Nilpferd mehr zu sehen. Der Mann hatte wieder nur das Wasser fotografiert.
c
hat … gesetzt … gewartet, sind … aufgetaucht, ist … losgerannt, haben … gelegen … zugesehen, hat … geknipst, hat … fotografiert, ist … weitergegangen, hat … fotografiert, haben … gelangweilt

Seite 44
Präteritum – Bildung
Präteritum von *sein* und *haben*
1.
waren, hatten, hatten, hatte, war, war, hatte, waren, waren, hatten, war, hatten

Seite 45
Präteritum von Modalverben
1. a
ich konnte, du konntest, Sie konnten, er/es/sie konnte, wir konnten, ihr konntet, Sie konnten, sie konnten
b

ich	musste	durfte	sollte	wollte	mochte
du	musstest	durftest	solltest	wolltest	mochtest
Sie	mussten	durften	sollten	wollten	mochten
er/es/sie	musste	durfte	sollte	wollte	mochte
wir	mussten	durften	sollten	wollten	mochten
ihr	musstet	durftet	solltet	wollet	mochtet
Sie	mussten	durften	sollten	wollten	mochten
sie	mussten	durften	sollten	wollten	mochten

2.
2. Früher durften Alex und Julia nicht allein verreisen. 3. Früher musste Julia auf ihre Schwester aufpassen. 4. Früher wollte Peter Pilot werden. 5. Früher mochtest du keinen Salat / Salat nicht gern.

Seite 46
Präteritum bei restlichen Verben
1. b
In alten alten Zeiten, als die Menschen noch in ganz anderen Sprachen redeten, gab es in den warmen Ländern schon große und prächtige Städte. Da erhoben sich die Paläste der Könige und Kaiser, da gab es breite Straßen, enge Gassen und winkelige Gässchen, da standen herrliche Tempel mit goldenen und marmornen Götterstatuen, da gab es bunte Märkte, wo Waren aus aller Herren Länder angeboten wurden, und weite schöne Plätze, wo die Leute sich versammelten, um Neuigkeiten zu besprechen und Reden zu halten oder anzuhören. Und vor allem gab es dort große Theater.
Sie sahen ähnlich aus, wie ein Zirkus noch heute aussieht, nur dass sie ganz und gar aus Steinblöcken gefügt waren. Die Sitzreihen für die Zuschauer lagen stufenförmig übereinander wie in einem gewaltigen Trichter. Von oben gesehen waren manche dieser Bauwerke kreisrund, andere mehr oval und wieder andere bildeten einen weiten Halbkreis. Man nannte sie Amphitheater.
Es gab welche, die groß waren wie ein Fußballstadion, und kleinere, in die nur ein paar hundert Zuschauer passten. Es gab prächtige, mit Säulen und Figuren verzierte, und solche, die schlicht und schmucklos waren. Dächer hatten diese Amphitheater nicht, alles fand unter freiem Himmel statt.

Seite 47

c

(die Menschen) redeten: reden, (es) gab: geben, (die Paläste) erhoben sich: sich erheben, (es) gab: geben, (herrliche Tempel standen: stehen, (es) gab: geben, (Waren …) wurden (angeboten): (angeboten) werden, (die Leute) versammelten sich: sich versammeln, (es) gab: geben, (Sie) sahen … aus: aussehen, (sie) waren (gefügt): (gefügt) sein, (die Sitzreihen) lagen: liegen, (manche …) waren: sein, (andere) bildeten: bilden, (man) nannte: nennen, (es) gab: geben, (die) waren: sein, (ein paar …) passten: passen, (es) gab: geben, (die) waren: sein, (diese Amphitheater) hatten: haben, (alles) fand … statt: stattfinden

nennen → er hat genannt (Mischverb) → *er nannte* (Mischverb)
aussehen → er hat ausgesehen (unregelmäßig) → *er sah aus* (unregelmäßig)

2.

reden (redeten), sich versammeln (versammelten sich), bilden (bildeten), nennen (nannte), passen (passten)

3. a/b

ich hatte, du hattest, Sie hatten, er/es/sie hatte, wir hatten, ihr hattet, Sie hatten, sie hatten

Seite 48

4.

ich	redete	versammelte	bildete
du	redetest	versammeltest	bildetest
Sie	redeten	versammelten	bildeten
er/es/sie	redete	versammelte	bildete
wir	redeten	versammelten	bildeten
ihr	redetet	versammeltet	bildetet
Sie	redeten	versammelten	bildeten
sie	redeten	versammelten	bildeten

ich	nannte	dachte	brachte
du	nanntest	dachtest	brachtest
Sie	nannten	dachten	brachten
er/es/sie	nannte	dachte	brachte
wir	nannten	dachten	brachten
ihr	nanntet	dachtet	brachtet
Sie	nannten	dachten	brachten
sie	nannten	dachten	brachten

5.

geben (gab), sich erheben (erhoben sich), stehen (standen), angeboten werden (wurden angeboten), aussehen (sahen aus), gefügt sein (waren gefügt), liegen (lagen), sein (waren), haben (hatten), stattfinden (fand statt)

6. a/b

ich war, du warst, Sie waren, er/es/sie war, wir waren, ihr wart, Sie waren, sie waren

Seite 49

7.

ich	gab	stand	sah aus
du	gabst	standest	sahst aus
Sie	gaben	standen	sahen aus
er/es/sie	gab	stand	sah aus
wir	gaben	standen	sahen aus
ihr	gabt	standet	saht aus
Sie	gaben	standen	sahen aus
sie	gaben	standen	sahen aus

ich	lag	fand statt	fuhr
du	lagst	fandest statt	fuhrst
Sie	lagen	fanden statt	fuhren
er/es/sie	lag	fand statt	fuhr
wir	lagen	fanden statt	fuhren
ihr	lagt	fandet statt	fuhrt
Sie	lagen	fanden statt	fuhren
sie	lagen	fanden statt	fuhren

Seite 50

8.

wissen, sehen, lassen, geben, helfen, denken, bleiben, sitzen, rennen, fahren, kommen, sein, essen, rufen, nehmen, halten, lesen, trinken, werden, stehen, liegen, kennen, schreiben, vergessen

9.

(Hier musst du deinen Lehrer / deine Lehrerin fragen, ob deine Lösung richtig ist. Zum Beispiel:)
Sein Vater war ein bekannter surrealistischer Maler. Er zog mit 2 Jahren mit der Familie nach München um. Er ging dort zur Schule. Er erlebte eine schwierige Jugend. Er besuchte nach dem Krieg die Schauspielschule in München. Er schrieb schon 1943 erste Gedichte und kleine Erzählungen. Sein erster Erfolg war das Buch Jim Knopf und Lukas der Lokomotivführer. Er wurde zum weltweit bekannten Autor. Er lebte seit 1970 in Italien. Er schrieb dort Momo. Er bekam viele Preise für seine Bücher. Er starb 1995 nach langer und schwerer Krankheit in Stuttgart.

Seite 52

Futur I – Bildung

1.

Wir werden Freunde von anderen Sternen haben. Es wird keine Autos mehr geben.

2.

ich werde, du wirst, Sie werden, er/es/sie wird, wir werden, ihr werdet, Sie werden, sie werden

Das Futur I bildet man mit dem Präsens von *werden* und dem Infinitiv. *werden* steht auf Position 2, der Infinitiv steht am (Satz-)Ende.

Seite 53

Futur I – Gebrauch

1.

2. Ich werde vielleicht studieren. 3. Ich werde bestimmt meine Traumfrau kennen lernen. 4. Ich werde bestimmt eine tolle Arbeit finden. 5. Ich werde hoffentlich viel Geld haben.

2.

(Hier musst du deinen Lehrer / deine Lehrerin fragen, ob deine Lösung richtig ist. Zum Beispiel:)
Ich werde auf einer Insel leben. / Ich werde auf den Mond fliegen. / Ich werde eine Reise um die Welt machen. / Ich werde einen Schatz finden. / Ich werde mich verlieben.

Seite 54
3.
2. Ich werde vorsichtig sein. 3. Ich werde nicht zu spät nach Hause kommen. 4. Ich werde morgen trotzdem früh aufstehen. 5. Ich werde davor noch Hausaufgaben machen.

4.
2. Sie/Er wird wohl einen Termin beim Direktor haben. 3. Sie/Er wird wohl im Urlaub sein. 4. Sie/Er wird wohl keine Lust haben. 5. Sie/Er wird wohl im Stau stehen. 6. Sie/Er wird wohl beim Friseur sein.

Seite 56
Rektion der Verben
Verben mit Nominativ
1.
Lisa wird eine Frau. Peter ist ein Junge. Peter wird ein Mann. Frau Huber ist eine Frau. Herr Huber ist ein Mann.

Seite 57
Verben mit Akkusativ
1.
Nominativ: Hubers, Frau Huber, Herr Huber, Peter, Mariechen
Akkusativ: Möbel, eine Lampe, einen Tisch, die Verkäuferin, ein Eis

2. a/b
(Hier musst du deinen Lehrer / deine Lehrerin fragen, ob deine Lösung richtig ist.)

3.
1. Frau Huber sucht einen Tisch und Stühle. 2. Lisa möchte eine Katze. 3. Brauchen Sie das Buch noch? 4. Ihr vergesst immer die Hausaufgaben. 5. Du musst den Lehrer fragen! 6. Im Zoo sehen die Kinder / Die Kinder sehen im Zoo ein Nilpferd. 7. Julia sieht die Freunde aus Berlin selten. 8. Wir besuchen regelmäßig den Großvater.

Seite 58
4. a
Singular:
Nominativ: ich, du, Sie, er, es, sie; Akkusativ: mich, dich, Sie, ihn, es, sie
Plural
Nominativ: wir, ihr, Sie, sie; Akkusativ: uns, euch, Sie, sie
b
1. mich, 2. dich, 3. euch, 4. es, 5. ihn, 6. Sie, 7. sie, 8. uns, 9. sie

Seite 59
Verben mit Dativ
1.
Nominativ: Das Mädchen, Ich, Peter, Das Theaterstück, es, Bananen, Der Ball, Der Hut
Dativ: der Lehrerin, einer Freundin, dem Mann, den Zuschauern, Dem Chef, mir, dem kleinen Jungen, der Frau

2. a/b
(Hier musst du deinen Lehrer / deine Lehrerin fragen, ob deine Lösung richtig ist.)

Seite 60
3. a/b
Bild oben rechts: antworten – Wir antworten dem Lehrer immer.

Bild unten links: zusehen – Wir sehen dem Lehrer immer zu.
Bild unten rechts: für die vielen Hausaufgaben danken – Wir danken dem Lehrer immer für die vielen Hausaufgaben.

4. a
ich: mir, du: dir, Sie: Ihnen, er/es: ihm, sie: ihr, wir: uns, ihr: euch, Sie: Ihnen, sie: ihnen
b
1. fehlt ihr, 2. sieht ihr zu, hilf mir, 3. gratuliert ihr, dankt ihr

Seite 61
5.
1. Mir ist, 2. geht … Ihnen, 3. gefällt dir, 4. Schmeckt dir, 5. gehört ihm, 6. ist mir

Verben mit Akkusativ und Dativ
1.
Nominativ: Peter, Der Frisör, Ich, Ich, Julia, Ich
Akkusativ: eine Puppe, die Haare, eine Rose, die Frage, die Geschichte, einen schönen Geburtstag
Dativ: Mariechen, Lisa, dir, dir, Alex, dir

Jemand macht etwas für eine Person. Diese Person steht im Dativ, die Sache im Akkusativ.

Seite 62
2.
1. Peter schenkt dem Mädchen Blumen. 2. Peter bietet ihr im Café den Stuhl an. 3. Peter kauft der Freundin im Kino Popcorn. 4. Peter bringt dem Mädchen eine Cola. 5. Peter denkt: Hoffentlich gibt sie mir einen Kuss.

3.
dich, dir, dir, dir, dich, dir, dir, dir, dir, mich, dir

4.
Peter kocht Lisa eine Suppe. Lisa hat Hunger und freut sich schon. Peter gibt ihr einen vollen Teller. Lisa fängt an zu essen, aber … ihr schmeckt die Suppe überhaupt nicht! Die Suppe ist zu salzig. Am nächsten Tag kauft sie Peter ein Kochbuch und schenkt ihm das Kochbuch.

5.
1. Du musst dem Lehrer die Frage beantworten. 2. Ich wünsche mir einen Computer. 3. Frau Huber erzählt Mariechen ein Märchen. 4. Ich glaube der Freundin die Geschichte nicht. 5. Ich kann Ihnen das nicht versprechen. 6. Das erlaube ich dir nicht.

Seite 63
Reflexive Verben
1. a
Ich <u>fühle mich</u> heute schlecht. Frau Huber <u>wäscht sich</u>. <u>Beeile dich</u>, sonst kommst du zu spät! Ich <u>treffe mich</u> heute Abend mit Peter.

Einige Verben brauchen ein Reflexivpronomen. Es steht meistens im Akkusativ.

b
Frau Huber wäscht <u>sich</u>. – Frau Huber wäscht <u>das Kind</u>.
Ich treffe <u>mich</u> heute Abend mit Peter. – Ich treffe <u>meinen Freund</u> heute Abend.

Bei manchen Verben kann auch statt des Reflexivpronomens ein Akkusativ-Objekt stehen.

Rektion der Verben

Seite 64/65

2.

(Hier musst du deinen Lehrer / deine Lehrerin fragen, ob deine Lösung richtig ist.)

Seite 66

3.

1. Entschuldigt euch / Entschuldige dich, 2. euch … konzentrieren, 3. fühle mich, 4. freuen uns, 5. ärgert … euch, 6. langweilt sich, 7. Treffen … uns

4. a

Bilder oben: sich beeilen, sich treffen, sich beschweren
Bilder in der Mitte: sich nicht gut fühlen, sich legen, sich rasieren
Bild unten: sich anziehen

b

treffen sich, beeilt sich, rasiert … sich, zieht … sich, beschweren sich, fühlt sich, legt … sich

Seite 67

5.

Reflexivpronomen: mich, mir, dich, dir, sich, sich
Akkusativ-Objekt: die Jacke, die Haare, die Haare

Wenn es ein Akkusativ-Objekt gibt, steht das Reflexivpronomen im Dativ.

6.

1. mich, 2. mir, 3. dich, 4. dir, 5. sich, 6. sich

Seite 68
Verben mit Präposition

1. a

Ich erinnere mich an meine Großmutter. Sie ist jetzt tot. – Das Kind macht gerne Unsinn. Ich passe auf es auf. – Ich bin gegen den Egoismus. – Ich bitte dich um Verständnis. – Es ist November. Ich freue mich auf Weihnachten. – Ich rege mich manchmal über die Politiker auf. – Ich brauche Geld für die Kinokarten. – Ich denke an den letzten Urlaub. – Wann kommst du? Ich warte auf dich. – Ich bin für Naturschutz. – Ich glaube an das Gute im Menschen. – Sie demonstrieren gegen Atomenergie. – Ich verliebe mich nicht in dich. – Wir sprechen manchmal über das Wetter. – Ich danke dir für die Einladung. – Ich schreibe einen Brief an meine Tante in Amerika. – Ich interessiere mich nicht für Sport. – Du bist frech. Ich ärgere mich über dich. – Ich freue mich über die Blumen. – Ich gewöhne mich langsam an das Klima hier. – Bayern München spielt gegen den TSV Duisburg. – Wir diskutieren über Politik. – Ich entschuldige mich für meinen Fehler. – Ich informiere mich über das Studieren im Ausland. – Ich lache über die Komödie. – Morgen schreiben wir einen Test. Ich bereite mich auf den Test vor. – Wir streiten uns über den Fehler. – Die Kinder streiten sich um Spielzeug. – Wir unterhalten uns über „Gott und die Welt". – Er schreibt ein Buch über seine Kindheit. – Ich kümmere mich um meine Kinder. – Die Grammatik ist schwer. Ich konzentriere mich auf den Unterricht. – Ich denke über das Problem nach.

b

Er spielt mit seinem Hund. – Ich nehme an einem Tanzkurs teil. – Ich streite (mich) nicht mit dir! Ich halte nichts von deiner Idee. – Entschuldigen Sie sich sofort bei Ihrem Chef! – Ich fange mit der Arbeit an. – Ich telefoniere mit einer Freundin. — Ich bin müde, ich muss mich leider von euch verabschieden. – Die Polizei warnt vor Dieben. – Ich möchte mich herzlich bei Ihnen bedanken. – Ich unterhalte mich gern mit Freunden. – Ich frage nach der Uhrzeit. – Ich höre mit der Diät auf. – Der Artikel gehört zu dem Substantiv. – Gehen wir schwimmen? Das hängt

vom Wetter ab. – Ich erzähle dir nichts von meinem Plan. – Hör mir zu! Ich spreche mit dir. – Ich träume von einer Reise in die Karibik. – Soll ich euch beim Umzug helfen? – Trennt sie sich von ihrem Mann? – Ich beginne morgen mit dem Lesen. – Ich habe keine Angst vor Batman. – Ich spreche gerade von dir. – Wann triffst du dich mit Michael? – Ich gratuliere dir zu deinem Geburtstag.

Seite 69

c

an + Akkusativ: denken an, sich erinnern an, glauben an, schreiben an, sich gewöhnen an
an + Dativ: teilnehmen an
auf + Akkusativ: aufpassen auf, sich freuen auf, warten auf, sich vorbereiten auf, sich konzentrieren auf
bei + Dativ: sich entschuldigen bei, sich bedanken bei, helfen bei
für + Akkusativ: brauchen für, sein für, danken für, sich interessieren für, sich entschuldigen für
gegen + Akkusativ: sein gegen, demonstrieren gegen, spielen gegen
in + Akkusativ: sich verlieben in
mit + Dativ: spielen mit, (sich) streiten mit, anfangen mit, telefonieren mit, sich unterhalten mit, aufhören mit, sprechen mit, beginnen mit, sich treffen mit
nach + Dativ: fragen nach
über + Akkusativ: sich aufregen über, sprechen über, sich ärgern über, sich freuen über, diskutieren über, sich informieren über, lachen über, sich streiten über, sich unterhalten über, schreiben über, nachdenken über
um + Akkusativ: bitten um, sich streiten um, sich kümmern um
von + Dativ: halten von, sich verabschieden von, abhängen von, erzählen von, träumen von, sich trennen von, sprechen von
vor + Dativ: warnen vor, Angst haben vor
zu + Dativ: gehören zu, gratulieren zu

2.

Sprecht doch öfter mit eurem Lehrer über Verben mit Präpositionen! Freust du dich auch schon so auf die Ferien? Denkt doch bitte mehr über die Präpositionen nach! Die arme Lisa muss einen Aufsatz über das Mittelalter schreiben. Immer muss die ganze Klasse auf Peter warten.

3.

Fußball? Langweilig! Ich interessiere mich nicht für Sport!
Vor dem Einschlafen denkt Alex immer an Julia.
Das Team vom Moosacher Gymnasium spielt gegen das Team vom Käthe-Kollwitz-Gymnasium.
Peter hat wieder eine Fünf bekommen. Er denkt: „Ich bin für Schule ohne Noten!"
Nimmst du an dem Spanischkurs am Nachmittag teil?

Seite 70

4.

(Hier musst du deinen Lehrer / deine Lehrerin fragen, ob deine Lösung richtig ist. Zum Beispiel:)
Lisa unterhält sich mit Peter. Frau Huber telefoniert mit einer Freundin. Alex träumt von Julia. Mariechen spielt mit Zorro. Lisa hat Angst vor Spinnen.

5.

über, auf, bei, um, mit, über, über, über

6.

2. Entschuldige dich bei dem Vater! 3. Fang rechtzeitig mit dem Lernen an! 4. Erzähl mehr von deinen Ideen! 5. Verabschiede dich immer nett von deinen Großeltern!

Seite 71

Wenn die Präposition mit einem Vokal anfängt, steht zwischen *wo-* und der Präposition ein *r*.

Man spricht über Sachen:
Peter, woran denkst du? – An die Fünf in Mathe.
Frage: *Wo(r)* + Präposition
Peter, denkst du an die Fünf in Mathe? – Ja, ich denke daran.
Antwort: *da(r)* + Präposition

Man spricht über Personen:
Peter, an wen denkst du? – An Lisa.
Frage: Präposition + Fragewort
Peter, denkst du schon wieder an Lisa? – Ja, ich denke an sie.
Antwort: Präposition + Personalpronomen

7.
2. Träumst du auch manchmal von ihr? – Ja, ich träume auch manchmal von ihr. Nein, ich träume nie von ihr. 3. Sprichst du auch manchmal über ihn? – Ja, ich spreche sehr oft über ihn. Nein, ich spreche nie über ihn. 4. Sprichst du auch oft davon? – Ja, ich spreche auch oft davon. Nein, ich spreche nie davon. 5. Interessierst du dich auch für sie? – Ja, ich interessiere mich auch für sie. Nein, ich interessiere mich nicht für sie. 6. Interessierst du dich auch dafür? – Ja, dafür interessiere ich mich auch sehr. Nein, dafür interessiere ich mich gar nicht. 7. Ärgerst du dich auch manchmal über deinen Vater? – Ja, ich ärgere mich auch manchmal über ihn. Nein, ich ärgere mich nie über ihn. 8. Ärgerst du dich auch manchmal darüber? – Ja, darüber ärgere ich mich auch oft. Nein, darüber ärgere ich mich nie.

Seite 72
Verben mit Infinitiv-Ergänzung
1.
(Hier musst du deinen Lehrer / deine Lehrerin fragen, ob deine Lösung richtig ist. Zum Beispiel:)
1. Er lässt sich das Essen kochen. 2. Er lässt sich die Haare schneiden. 3. Er lässt sich die Schuhe putzen. 5. Er lässt sich die Wäsche waschen. 6. Er lässt sich den Mantel anziehen.

Seite 73
2.
1. Herr und Frau Huber lassen Peter bis 22.00 Uhr ausgehen.
2. Julia lässt die kleine Schwester nicht alleine auf der Straße spielen. 3. Die Großeltern lassen Peter einen Horrorfilm anschauen. 4. Ich lasse dich nicht alleine weggehen.

4.
1. Sie lassen das Auto in der Garage stehen. 2. Sie lassen Zorro zu Hause schlafen. 3. Sie lassen Peter und Mariechen zu Hause. 4. Sie lassen das Handy im Wohnzimmer und leider die Theaterkarten auf dem Tisch liegen.

Seite 74
Das konjugierte Verb steht auf Position 2. Der Infinitiv vom zweiten Verb steht am (Satz-)Ende.

5.
1. Die Erstklässler bleiben einfach nicht auf ihren Stühlen sitzen. 2. Lisa und Peter gehen heute Abend tanzen. 3. Die Kinder lernen in der Schule schreiben. 4. Ich höre die Nachbarn streiten. 5. Wir sehen das Gewitter kommen. 6. Die Kerners helfen den Hubers umziehen.

Seite 75
6.
Verben: 1. freut sich, feiern, 2. hat … vergessen, kaufen, abholen, 3. hatte, kaufen, 4. hat … keine Lust, einladen

zu steht immer vor dem zweiten Verb im Infinitiv.
Bei trennbaren Verben steht *zu* zwischen der trennbaren Vorsilbe und dem Verb.

7.
(Hier musst du deinen Lehrer / deine Lehrerin fragen, ob deine Lösung richtig ist.)

Seite 76
8.
2. Es macht ihr keinen Spaß, Diät zu machen. 3. Sie versucht trotzdem, keine Schokolade mehr zu essen. 4. Sie hat vor, fünf Kilo abzunehmen. 5. Herr Huber hat ihr geraten, mit der Diät aufzuhören.

9.
(Hier musst du deinen Lehrer / deine Lehrerin fragen, ob deine Lösung richtig ist.)

Seite 78
Imperativ – Gebrauch
1.
2. Bitte, 3. Befehl, 4. Bitte, 5. Bitte, 6. Tipp, 7. Befehl

Seite 79
Imperativ – Bildung
1. a
Schreibst du endlich deine Hausaufgaben? Schreib(e) endlich deine Hausaufgaben!
Arbeitest du fleißig? – Arbeite fleißig!

Du-Form: Das Personalpronomen *du* und die Endung *-st* lässt man weg.

b
Geht ihr raus? Geht raus!

Ihr-Form: Das Personalpronomen *ihr* lässt man weg, aber die Endung bleibt gleich.

c
Klingeln Sie beim Nachbarn? Klingeln Sie beim Nachbarn!

2. a
1. Öffne, 2. Markier, 3. Klick
b
1. Öffnet, 2. Schreibt, 3. Redet, konzentriert
c
1 Schreiben, 2. Füllen … aus, 3. Unterschreiben

Seite 80
Verben mit *e-i, a-ä*
1.
2. Dusch kalt! Duscht kalt! Duschen Sie kalt! 3. Fahr langsam! Fahrt langsam! Fahren Sie langsam! 4. Komm pünktlich! Kommt pünktlich! Kommen Sie pünktlich! 5. Sieh nicht so oft fern! Seht nicht so oft fern! Sehen Sie nicht so oft fern! 6. Iss nicht viel! Esst nicht viel! Essen Sie nicht viel! 7. Nimm Geld mit! Nehmt Geld mit! Nehmen Sie Geld mit! 8. Kauf frisches Obst ein! Kauft frisches Obst ein! Kaufen Sie frisches Obst ein!

Verben auf *t, d, ig, er* und *el*
1.
2. Entschuldige, 3. Rede, 4. Ärgere, 5. Lächle

Seite 81
1.
Verben auf *t, d, ig, er* und *el* haben in der *du*-Form immer ein e.

2.
2. Ärgere den Lehrer nicht! Ärgert den Lehrer nicht! Ärgern Sie den Lehrer nicht! 3. Antworte mir sofort! Antwortet mir sofort! Antworten Sie mir sofort! 4. Entschuldige mich einen Augenblick! Entschuldigt mich einen Augenblick! Entschuldigen Sie mich einen Augenblick! 5. Lade auch Alex ein! Ladet auch Alex ein! Laden Sie auch Alex ein! 6. Bügle mein Hemd! Bügelt mein Hemd! Bügeln Sie mein Hemd!

3.
2. Bleib doch im Bett! 3. Trink doch Milch mit Honig! 4. Nimm doch eine Tablette! 5. Geh doch nicht in die Schule!

Seite 82
haben, sein
1.
1. Seid, 2. Hab, 3. Seid, 4. Sei, hab, 5. Habt

2.
2. Haben Sie doch mehr Geduld! 3. Seien Sie doch nicht so schnell böse! 4. Haben Sie doch für seine Probleme Verständnis! 5. Seien Sie doch immer für ihn da!

Seite 84
Konjunktiv II – Bildung
Umschreibung mit *würde-* + Infinitiv
würde- steht auf Position 2, der Infinitiv am (Satz-)Ende.

1.
2. dann würde Zorro ein neues Halsband bekommen. 3. dann würden Herr und Frau Huber ein Haus bauen. 4. dann würde Frau Huber eine Putzfrau einstellen. 5. dann würde Herr Huber einen Mercedes kaufen.

2.
(Hier musst du deinen Lehrer / deine Lehrerin fragen, ob deine Lösung richtig ist.)

Seite 85
Konjunktiv II von *haben* und *sein*
1. a
ich würde, du würdest, Sie würden, er/es/sie würde, wir würden, ihr würdet, Sie würden, sie würden
b
ich wäre, du wär(e)st, Sie wären, er/es/sie wäre, wir wären, ihr wär(e)t, Sie wären, sie wären

ich hätte, du hättest, Sie hätten, er/es/sie hätte, wir hätten, ihr hättet, Sie hätten, sie hätten

2. a
(Hier musst du deinen Lehrer / deine Lehrerin fragen, ob deine Lösung richtig ist.)

3.
wären, wäre, hätten, würden, hätten, würde, hätte, wäre, hätte, wäre, wäre, würde, würdet

Seite 86
Konjunktiv II von Modalverben
1. a
2. <u>Könntest</u> du bitte besser aufpassen? 3. <u>Könnten</u> Sie mich bitte morgen anrufen? 4. Wenn er nur früher kommen <u>könnte</u>. 5. Wir <u>könnten</u> heute ins Kino gehen. 6. Ihr <u>könntet</u> doch auch mal mithelfen! 7. Die Nachbarn sind immer so laut. Sie <u>könnten</u> auch mal leiser sein.
b

ich	könnte	dürfte	müsste	wollte	sollte
du	könntest	dürftest	müsstest	wolltest	solltest
Sie	könnten	dürften	müssten	wollten	sollten
er/es/sie	könnte	dürfte	müsste	wollte	sollte
wir	könnten	dürften	müssten	wollten	sollten
ihr	könntet	dürftet	müsstet	wolltet	solltet
Sie	könnten	dürften	müssten	wollten	sollten
sie	könnten	dürften	müssten	wollten	sollten

2.
2. dann könnten/müssten wir nicht in die Schule gehen. Wir könnten nicht lesen und schreiben. 3. dann dürften Kinder nicht so viel spielen. 4. dann müssten wir zu Fuß laufen. 5. dann müssten wir alles mit der Hand waschen. 6. dann könnten wir nicht verreisen.

Seite 87
Konjunktiv II – Gebrauch
Konjunktiv II als Fantasie
1. a
hättet, 1. wäre, 2. würde, 3. würde
b
würden, 1. hätte, 2. würde, 3. würde

2.
(Hier musst du deinen Lehrer / deine Lehrerin fragen, ob deine Lösung richtig ist.)

Seite 88
Konjunktiv II als Wunsch
1.
2. Peter hätte gern öfter Ferien. 3. Peter hätte gern nur gute Noten. Peter würde mehr Zeit mit Lisa verbringen.

2.
(Hier musst du deinen Lehrer / deine Lehrerin fragen, ob deine Lösung richtig ist.)

Konjunktiv II als Vorschlag
1. a
2. An deiner Stelle würde ich ein Buch über Hundekrankheiten lesen. 3. Wenn ich du wäre, würde ich zum Tierarzt gehen.

Seite 89

b

1. Wenn ich du wäre, würde ich die Eltern fragen: „Warum?"
2. An deiner Stelle würde ich den Eltern viel helfen und sie nochmals bitten. 3. An deiner Stelle würde ich mich nicht ärgern.

Konjunktiv II als höfliche Bitte

1.

nicht höflich: Hilf mir! Geh einkaufen!
neutral: Kannst du mir helfen? Kannst du einkaufen gehen?
höflich: Würdest du mir helfen? Würdest du einkaufen gehen?
sehr höflich: Könntest du mir bitte helfen? Könntest du bitte einkaufen gehen?

Seite 90

2.

1. Könntest du bitte mit Zorro spazieren gehen? 2. Könntest du mich bitte ins Kino einladen? 3. Könntest du bitte meine Schuhe putzen? 4. Könntest du mir bitte 10 Euro leihen?

3.

Fantasie: Wenn ich ein Vogel wäre, könnte ich fliegen. Wenn du in den Ferien zu uns kommen würdest, könnten wir viel zusammen unternehmen.
Wunsch: Ich würde heute Abend gerne Pizza essen. Peter würde gerne öfter Gitarre spielen.
Vorschlag/Tipp: An deiner Stelle würde ich nicht so viel rauchen. An Ihrer Stelle würde ich mir keine Sorgen machen.
höfliche Bitte: Könnten Sie bitte Herrn Mayerhofer anrufen? Würden Sie bitte der Dame die Tür aufhalten?

Seite 93

Passiv – Bildung
Passiv – Präsens

1.

wird … repariert, werden geflickt … geprüft, wird … geputzt

Das Passiv bildet man mit dem Präsens von *werden* und dem Partizip II, z.B.:
putzen → es wird geputzt; prüfen → sie werden geprüft.
werden steht auf Position 2, das Partizip II steht am Satzende.

Seite 94

2.

ich werde, du wirst, Sie werden, er/es/sie wird, wir werden, ihr werdet, Sie werden, sie werden

3.

1. werden, 2. werden, 3. werden, 4. wird

4. a

Wir reparieren Ihnen das Fahrrad! Wir flicken die Reifen. Wir prüfen die Lampen. Wir erneuern die Bremsen.

b

Das Fahrrad wird repariert. Die Reifen werden geflickt. Die Lampen werden geprüft. Die Bremsen werden erneuert.

Seite 95

Das Akkusativ-Objekt aus dem Aktivsatz wird im Passivsatz zum Subjekt. Das Subjekt aus dem Aktivsatz nennt man im Passivsatz meist nicht, weil wir nicht genau wissen oder weil es egal ist, wer das macht.

5.

2. Seine Kleidung wird aufgeräumt. 3. Die Schuhe werden geputzt. 4. Seine Hemden werden gebügelt. 5. Die Hausaufgaben werden gemacht. 6. Leider wird Peter aufgeweckt.

6.

Dann wird die Milch kaltgestellt. Im Morgengrauen werden drei Sonnenblumen gepflückt. Die Blüten werden zwei Stunden in die Mäusemilch eingelegt. Die Milch mit den Blüten wird langsam erhitzt. Zucker und Zimt werden dazugegeben. Ein Teelöffel geriebene Schokolade wird darüber gegeben. Die Milch wird sofort serviert.

Seite 96

7.

1. Der Reifen muss zuerst geflickt werden. 2. Die Reifen müssen aufgepumpt werden. 3. Die Bremsen sollen unbedingt erneuert werden. 4. Die Klingel muss auch ausgetauscht werden.

Das Modalverb steht auf Position 2, am Satzende stehen Partizip II + *werden*.

8.

2. Die Hose muss in den Kleiderschrank gehängt werden! 3. Die Socken müssen in den Wäschekorb gesteckt werden! 4. Der Boden muss geputzt werden! 5. Dein Schreibtisch muss aufgeräumt werden!

Seite 97

9.

1. Zorro muss gefüttert werden. 2. Zorro soll gestreichelt werden. 3. Zorro muss/soll gebürstet werden. 4. Zorro muss/soll gebadet werden.

Passiv Präteritum

1.

ich wurde, du wurdest, Sie wurden, er/es/sie wurde, wir wurden, ihr wurdet, Sie wurden, sie wurden

2. a/b

1. Die Eröffnung wurde in der Zeitung bekannt gemacht. 2. Viele Fahrräder wurden billiger verkauft. 3. Die Bewohner der ganzen Straße wurden eingeladen. 4. Den Kunden wurde Kuchen angeboten.

Das Passiv Präteritum bildet man mit dem Präteritum von *werden* und dem Partizip II. Das Präteritum von *werden* steht auf Position 2, das Partizip II steht am (Satz-)Ende.

Seite 98

3.

2. Die Federn wurden ihm ausgerissen. 3. Es wurde importiert. 4. Es wurde in einem Kühlhaus gelagert. 5. Es wurde vor drei Wochen (von dem Restaurant) gekauft. 6. Heute Morgen wurde es wieder aufgewärmt.

4.

(Hier musst du deinen Lehrer / deine Lehrerin fragen, ob deine Lösung richtig ist. Zum Beispiel:)
Ich wurde jeden Tag gewogen. Ich wurde oft gewickelt. Ich wurde viel fotografiert. Ich wurde von allen bewundert. Ich wurde in den Schlaf gesungen.

Artikel, Substantive und Pronomen
Artikel – Gebrauch
Seite 100

1.
Frau Huber ist eigentlich <u>eine</u> ganz normale Frau. Aber für Herrn Huber ist sie <u>die</u> Frau für<u>s</u> (= für das) Leben. Stolz denkt er: <u>Keine</u> Frau ist wie sie. <u>Meine</u> Frau ist wunderbar.

2.
unbestimmter Artikel: ein/eine, bestimmter Artikel: der/das/die, negativer Artikel: kein/keine, Possessivartikel: mein/meine

3.
1. kein, 2. ein, Der, 3. kein, ein, 4. ein, meine

Seite 102
Nominativ

1.
der: der Herr, die Herren; der Brief, die Briefe; der Partner, die Partner; der Junge, die Jungen; der Freund, die Freunde; der Fehler, die Fehler; der Name, die Namen; der Tag, die Tage; der Hund, die Hunde; der Wald, die Wälder
das: das Bild, die Bilder; das Jahr, die Jahre; das Mädchen, die Mädchen; das Papier, die Papiere; das Wort, die Wörter/Worte; das Kind, die Kinder; das Konzert, die Konzerte; das Land, die Länder; das Foto, die Fotos; das Telefon, die Telefone
die: die Nacht, die Nächte; die Woche, die Wochen; die Frage, die Fragen; die Antwort, die Antworten; die Katze, die Katzen; die Sache, die Sachen; die Seite, die Seiten; die Tasche, die Taschen; die Klasse, die Klassen, die Lehrerin, die Lehrerinnen

2.
1.e der Vater, die Väter / die Mutter, die Mütter; 2.d der Onkel, die Onkel / die Tante, die Tanten; 3.b der Sohn, die Söhne / die Tochter, die Töchter; 4.a der Bruder, die Brüder / die Schwester, die Schwestern; 5.f der Großvater, die Großväter / die Großmutter, die Großmütter; 6.c der Mann, die Männer / die Frau, die Frauen

Im Plural fällt der unbestimmte Artikel weg.

Seite 103

3.
2. Ist das ein Fenster? – Nein das ist kein Fenster, das ist eine Lampe. 3. Ist das ein Regal? – Nein, das ist kein Regal, das ist ein Buch. 4. Ist das eine Hose? – Nein, das ist keine Hose, das ist ein Schuh. 5. Sind das Schuhe? – Nein, das sind keine Schuhe, das ist ein Teppich. 6. Ist das eine Tür? – Nein, das ist keine Tür, das ist ein Schrank. 7. Ist das ein Buch? – Nein, das ist kein Buch, das ist eine Tür.

4.
1. Er, Er, 2. Sie, 3. Er, 4. Es, Es

Seite 104

5.
2. Da ist ein Bett. Das Bett ist bequem. Es kostet 299 Euro.
3. Da ist eine Lampe. Die Lampe ist schön. Sie kostet 49 Euro.
4. Da ist ein Regal. Das Regal ist praktisch. Es kostet 265 Euro.
5. Da sind Stühle. Die Stühle sind bequem. Sie kosten 488 Euro.

6.
<u>Meine</u> Familie ist voll von Genies. <u>Keine</u> andere Familie ist so toll wie <u>unsere</u>: <u>Mein</u> Bruder singt wie Pavarotti. <u>Kein</u> Junge in <u>seinem</u> Alter kann das so gut wie er. <u>Meine</u> Schwester malt wie Picasso. <u>Keine</u> andere Frau malt so gut. <u>Unser</u> Baby kann schon zählen. <u>Kein</u> Baby der Welt kann das sonst mit einem Jahr. Nur

ich kann leider gar nichts richtig.

Der Possessivartikel hat die gleichen Endungen wie der unbestimmte Artikel.

Seite 105

7.
1. Er, 2. seine, 3. ich, 4. sie, 5. dein, 6. Meine, 7. Ihr, 8. unsere, 9. Ihre, 10. wir, 11. euer, 12. Ihr
Lösung: Es ist nicht schwer.

8.
1. Das ist meine Tasche. 2. Das ist dein Tisch. Das sind deine Bücher. 3. Das ist seine Brille. Das ist sein Fahrrad. 4. Das sind ihre Hunde. Das sind ihre Eltern. 5. Das ist unser Sofa. Das ist unsere Vase. 6. Das sind eure Pflanzen. Das ist euer Bild. 7. Das sind ihre Gläser. Das ist ihr Schrank.

Seite 106

9.

seiner	ihrer	unserer	eurer	Ihrer	ihrer
sein(e)s	ihr(e)s	unser(e)s	eures	Ihr(e)s	ihr(e)s
seine	ihre	unsere	eure	Ihre	ihre
seine	ihre	unsere	eure	Ihre	ihre

Das Possessivpronomen hat die gleichen Endungen wie der bestimmte Artikel.

10.
Lisa, ist das deine Schultasche? – Ja, das ist meine.
Julia und Alex, sind das eure Bücher? – Ja, das sind unsere.
Frau Huber, sind das Ihre Taschen? – Ja, das sind meine.
Peter, ist das dein Heft? – Ja, das ist mein(e)s.
Alex, ist das deine Brille? – Nein, das ist nicht meine. *oder:*
Alex, ist das die Brille von Bernd? – Ja, das ist seine.

Seite 107
Akkusativ

1.
unbestimmter Artikel: einen Pullover, ein Fahrrad, eine Jacke, – Sandalen

Seite 108

2.
(Hier musst du deinen Lehrer / deine Lehrerin fragen, ob deine Lösung richtig ist. Zum Beispiel:)
Ich sehe einen Fluss, einen Baum, einen Hund …
Ich sehe eine Brücke, eine Wiese …
Ich sehe ein Haus, ein Kind …
Ich sehe Bäume, Wolken …

3. a/b
1. Lisa kauft <u>einen Hut</u>. 2. Herr Huber ruft <u>die Kinder</u>. 3. Peter mag <u>die Deutschlehrerin</u>. 4. Alex liest im Café <u>eine Zeitung</u>. 5. Frau Huber kauft <u>das Flugticket</u> im Reisebüro. 6. Herr Huber repariert <u>ein Radio</u>. 7. Ich verstehe <u>den Satz</u> nicht.

4.
meinen, ihre, ihre, meine, seine, deine, unsere, eure

Seite 109

5.
Hast du eine Schwester? – Ja, ich habe eine Schwester. / Nein, ich habe keine Schwester. 2. Hast du ein Haustier? – Ja, ich habe ein Haustier. / Nein, ich habe kein Haustier. 3. Hast du einen Onkel? – Ja, ich habe einen Onkel. / Nein, ich habe keinen Onkel. 4. Hast du Großeltern? – Ja, ich habe Großeltern. /

Nein, ich habe keine Großeltern. 5. Hast du einen Bruder? – Ja, ich habe einen Bruder. / Nein, ich habe keinen Bruder.

6. a
-, -, ein, -, -, -, ein, kein
b
-, -, -
c
einen, -, -, der

Seite 110
7. a
1. mich, 2. dich, 3. Sie, 4. ihn, 5. sie, 6. es, 7. uns, 8. euch, 9. sie
b
mich, dich, Sie, ihn, es, sie, uns, euch, Sie, sie

8.
mich, sie, mich, dich, dich

9.
1. dich, es, ihn, 2. dich, euch, 3. dich, mich, 4. sie, es

Seite 111
10.

deinen	dein(e)s	deine	deine
Ihren	Ihr(e)s	Ihre	Ihre
seinen	sein(e)s	seine	seine
ihren	ihr(e)s	ihre	ihre
unseren	unser(e)s	unsere	unsere
euren	eures	eure	eure
Ihren	Ihr(e)s	Ihre	Ihre
ihren	ihr(e)s	ihre	ihre

11.
2. Ich habe mein T-Shirt vergessen. – Kein Problem, du kannst meins nehmen. 3. Wir haben unsere Seife vergessen. – Kein Problem, ihr könnt meine nehmen. 4. Ihr habt euren Waschlappen/Putzlappen vergessen. Kein Problem, ihr könnt meinen nehmen. 5. Du hast deine Socken/Strümpfe vergessen. Kein Problem, du kannst meine nehmen.

Seite 112
Dativ
1. a/b
den Kindern, 2. keinen Leuten, 3. ihren Freunden, 4. Männern

Das Substantiv im Dativ Plural bekommt ein -(e)n.

Seite 113
2.
1. meiner, 2. unseren, 3. ihrem, 4. euren, deinem

3.
1. Ich schenke meiner Nachbarin eine Rose. 2. Die Mutter wäscht dem Kind die Haare. 3. Ich schreibe einem Freund einen Brief. 4. Peter erzählt der Schwester das Märchen „Aschenputtel". 5. Der Junge dankt den Großeltern für das Geschenk. 6. Julia gibt ihrem Freund einen Kuss.

4. a
Hallo, Frau Huber. Wie geht es Ihnen? – Mir geht es gut. Und dir, Julia?
Gehört der Ball euch oder ihm? – Uns!
Meinst du, das Buch gefällt ihnen? Ihr gefällt es schon.
b
ich → mir, du → dir, Sie → Ihnen, er/es → ihm, sie → ihr, wir → uns, ihr → euch, Sie → Ihnen, sie → ihnen

5.
1. Ihnen, Ihnen, 2. dir, mir, 3. ihnen, 4. euch, uns, 5. ihm, 6. Ihr

Seite 114
Genitiv
1. a
Dieses Bild zeigt Tante Ursula, die Schwester meines Vaters, und Onkel Ralf, den Mann meiner Tante. Und noch ein Foto: Meine Kusine, die Tochter der Verwandten. Leider habe ich den Namen des Kindes vergessen.
b
das Kind: (des) Kindes, die Tante: (meiner) Tante, die Verwandten: (der) Verwandten

Substantive mit Artikel der oder das im Nominativ bekommen im Genitiv Singular die Endung -(e)s.

Seite 115
2.
2. Der Flug des Kondors, 3. Der Engel des Todes, 4. Die Welt der Wunder, 5. Das Phantom der Oper, 6. Der Fahrstuhl des Grauens

3.
Dieses Bild zeigt Tante Ursula, die Schwester von meinem Vater, und Onkel Ralf, den Mann von meiner Tante. Und noch ein Foto: Meine Kusine, die Tochter von den Verwandten. Leider habe ich den Namen von dem Kind vergessen!

4.
Die Wohnung von Familie Huber ist groß und hat einen Garten. Im Garten ist gerade Zorro, der Hund von Peter. Julia, Lisa, Alex und Peter sind im Zimmer von Peter. Sie schreiben ein Referat über das Buch „Der Steppenwolf" von Hermann Hesse. Julia nimmt das Heft von Peter und notiert die Ideen von Alex.

Seite 116
n-Deklination
1.
einem Kollegen, einem Lehrer, einem Bären, einem Schüler, einem Elefanten, einem Löwen, einem Deutschen, einem Menschen, einem Hund, einem Architekten, einem Herrn, einem Jungen, einem Optimisten oder vielleicht sogar einem Prinzen

2.
einen Herrn, unseren Nachbarn, Herr Schmidt, als Polizist, einem Polizisten, zum Griechen

Seite 117
Weitere Artikelwörter und Pronomen
1. a
Gefällt dir dieses Fahrrad? – Ja, das Fahrrad ist super. 2. Kennst du diesen Mann? – Nein, den Mann kenne ich nicht. 3. Hast du dir dieses Buch gekauft? – Ja, das Buch musst du auch unbedingt lesen. 4. Hast du den Artikel in dieser Fernsehzeitschrift gelesen? – Nein, nicht in dieser, sondern in der Fernsehzeitschrift. 5. Wie gefalle ich dir in den Schuhen? – Schön, aber du willst doch nicht in diesen Schuhen wandern gehen?!
b
Nominativ: der/dieser, das/dieses, die/diese, die/diese
Akkusativ: den/diesen, das/dieses, die/diese, die/diese
Dativ: dem/diesem, dem/diesem, der/dieser, den/diesen

dies- hat die gleichen Endungen wie der bestimmte Artikel.

2.
Nominativ; jeder, jedes, jede, alle
Akkusativ: manchen, manches, manche, manche
Dativ: welchem, welchem, welcher, welchen

Seite 118
3.
welche, Diese, welches, dieser, Dieses, welchen, diesen

4.
1. manchen, 2. alles, 3. aller, 4. jede, manchen, 5. allen, 6. Jeden

5.
jedem, manchen, alle

Seite 119
6. a
2. Man redet nicht mit vollem Mund. 3. Man lässt die anderen Leute ausreden. 4. Man hört anderen zu.
b
(Hier musst du deinen Lehrer / deine Lehrerin fragen, ob deine Lösung richtig ist.)

7. a
2. Dativ, 3. Dativ, 4. Akkusativ
b
Akkusativ: einen, Dativ: einem

Seite 120
8.
1. Wie schaut denn das Kind da drüben aus? Es ist ja ganz schmutzig. 2. Weißt du, wann Lisa aus dem Urlaub zurük-kommt? – Ohh, ich weiß es leider auch nicht. 3. Wir können heute nicht ins Museum gehen. Es ist montags geschlossen. 4. Oh, ich habe vergessen, wann Julia Geburtstag hat. Weißt du es vielleicht?

9.
1. In München regnet es schon seit zwei Wochen. 2. Wie geht es dir? – Danke, mir geht es ganz gut. Und dir? 3. Können Sie mir sagen, wie spät es ist? – Es ist genau sieben. 4. Wissen Sie, ob es hier einen Supermarkt gibt? 5. Es tut mir Leid, dass ich gestern nicht gekommen bin.

Seite 122
Ordnungszahlen
Bildung
Die Ordnungszahlen von 4 bis 19 bildet man so:
Zahl + t + Adjektivendung (hier -e).

1.
der Achte, der Zehnte, der Zweite, der Achtzehnte, der Zwölfte

Seite 123
Zahl + st + Adjektivendung (hier -e).

2.
24. die vierundzwanzigste, 30. die dreißigste, 36. die sechsund-dreißigste, 58. die achtundfünfzigste, 99. die neunundneunzig-ste

3.a
1. Strophe: dritte, vierte

2. Strophe: erste, zweite … zweite, zweite … dritte, zweite … vierte
3. Strophe: dritte … erste, dritte … zweite, dritte … dritte, dritte … vierte
4. Strophe: vierte … erste, vierte … zweite, vierte … dritte, vierte … vierte
b
1. Strophe: zweite, erster … dritte, erster … vierte
2. Strophe: siebter … erste, achter … zweite, elfter … dritte, dreiundzwanzigster … vierte
3. Strophe: fünfunddreißigster … erste, sechsundsechzigster … zweite, (ein)hundertundsiebter … dritte
4. Strophe: zweite

Seite 124
Datum
1.
Heute ist der fünfte Mai. Morgen ist der erste August, die Ferien fangen an! Gestern war doch der Achtundzwanzigste. Peter hatte Geburtstag!

heute/morgen/gestern ist/war + *der* + Ordnungszahl mit der Endung -e (= Nominativ):

2.
1. Am neunten Mai, 2. … am achtundzwanzigsten September

Wann? *am* + Ordnungszahl mit der Endung -en (=Dativ):

3.
7. der Siebte, am Siebten, 8. der Achte, am Achten, 11. der Elfte, am Elften, 16. der Sechzehnte, am Sechzehnten, 24. der Vierundzwanzigste, am Vierundzwanzigsten, 30. der Dreißig-ste, am Dreißigsten

4.
Alex: Am neunten Dritten. Der neunte Dritte ist ein Freitag. Lisa: Am zehnten Ersten. Der zehnte Erste ist ein Samstag. Julia: Am vierundzwanzigsten Siebten. Der vierundzwanzigste Siebte ist ein Mittwoch. Mariechen: Am zweiten sechsten. Der zweite Sechste ist Dienstag.

Seite 126
Adjektive
Nominativ und Akkusativ
1.

Nominativ	Akkusativ
blaue … blauer	blauen … blauen
rote … rotes	rote … rotes
gelbe … gelbe	rote … rote

Das Adjektiv nach dem bestimmten Artikel im Nominativ und Akkusativ Singular hat die Endung -e.
Nur nach *den* (Akkusativ Maskulinum) kommt -en.

Das Adjektiv nach dem unbestimmten, negativen und Possessiv-artikel im Nominativ und Akkusativ Singular hat die Endung vom bestimmten Artikel.

Seite 127
2. a
große, kaputte, neue, blauen, grüne, schwarze
b
freundlicher, lustiges, nette, starken, stilles, große

3.
1. sympatischer, 2. hübsches, 3. kluge, 4. netter
4.
Lisa mag einen spannenden Krimi / ein spannendes Buch.
Lisa mag eine gute Note (in Mathematik).
Lisa mag einen knackigen Apfel.

Seite 128
5.
die blaue Hose, den grünen Hut, Das gelbe Kleid, die rote
Jacke, der blaue Rock, das geblümte Kleid, die braune Bluse,
die alte Hose, den alten Mantel

6.
keine große, aber eine lustige Familie, einen ganz normalen
Vater, eine nette Mutter, eine freche Schwester, Seine unor-
dentliche Tante, ein wichtiges Dokument, ihren dicken, kleinen, bösen Hund, seine erste große Liebe, sein kaltes Bett,
keine einzige Nacht, seine verrückte Familie, keine andere
Tante, keinen anderen Onkel.

7.
Nominativ: roten … rote
Akkusativ: roten … rote

Im Plural mit bestimmtem, negativem oder Possessivartikel
im Nominativ und Akkusativ hat das Adjektiv immer die
Endung -en.

Im Nominativ und Akkusativ Plural ohne Artikel hat das Adjektiv die Endung -e.

Seite 129
8. a
Peter mag frische Pommes (frites).
Peter mag nette Mädchen/Frauen.
Peter mag schnelle Autos.
b
(Hier musst du deinen Lehrer / deine Lehrerin fragen, ob deine
Lösung richtig ist.)

9.
1. Ihre roten, 2. keine großen, bösen, 3. Die beiden freund-
lichen, 4. Meine älteren, kleine, 5. grüne.

Seite 130
1.
Dativ: netten, lieben, hübschen
Genitiv: netten, lieben, hübschen

2. a
symphatischen, symphatischen, symphatischen
b
starken, schlimmen, dunklen

Das Adjektiv hat im Dativ und Genitiv Singular nach allen
Artikeln die Endung -en.

3.
1. Eine braune, dem schmutzigen, andere, der geöffneten,
2. Seine neue, dem unaufgeräumten, 3. Das schmutzige, dem
kaputten, 4. Ein kaputter, dem zerwühlten, 5. Ein schwarzer,
dem bunten

Seite 131
4.
1. ihrer schlechten, 2. seines schlechten, 3. seines unaufgeräumten, 4. ihres ständigen

5.
1. in ihrem grünen, einem ruhigen, 2. einem guten, berühm-
ten, 3. einer kleinen, einem hohen, 4. ihrer gemütlichen,
schönen

6. a
Das ist der Ball der kleinen Kinder von Hubers Nachbarn.
Mariechen spielt oft mit den netten Mädchen.
b
Dativ: netten, Genitiv: kleinen

Im Dativ und Genitiv Plural hat das Adjektiv nach allen Artikeln
die Endung -en.

Seite 132
7. a
unseren unfreundlichen, den gemeinen alten, netten
b
der nervösen Angestellten aus dem Haus gegenüber, der bösen
Jungs von den Nachbarn, der kinderfeindlichen Hausmeister
aus den Nachbarshäusern

8.
einem sehr süßen Jungen (D), kein besonders schöner Abend
(N), einem tollen Mann (D), einem großen Haus (D), einen
schwarzen Hund (A), zwei süße Kinder (A), einen gut bezahl-
ten Beruf (A), eine verantwortungsvolle Ärztin (N), doofe und
spießige Pläne (N), ein aufregendes Leben (A), ein fremdes
Land (A), eine Tauchschule (A), die treue Seele (A), keinen ein-
zigen Jungen (A)

Seite 133
9. a
Liebe, einer guten, meiner ganzen, ein sehr erholsamer, mein
lieber, sonnige, des schlechten, Mein guter, böse, unsere er-
schrockenen, großen, mein entzückender, ein rohes, liebe,
deine ganze, Deine

10.
kalten, starker, geniale, französischen, glückliche, komplizier-
ten, verrücktesten/schönsten, schönsten/verrücktesten, zwei-
jährigen, ungewöhnliche, schnellen/modernen, modernen/
schnellen

Seite 134
Adjektive auf -a
1. a/b
(Hier musst du deinen Lehrer / deine Lehrerin fragen, ob deine
Lösung richtig ist. Zum Beispiel:)
Was ist denn heute mit Peter los? In seine braunen Haare hat
er blonde Strähnen gefärbt, dazu trägt er sein blaues Hemd
mit den schwarzen Knöpfen. Und das kleine Loch hat seine
fleißige Mutter mit einem blauen Faden zugenäht! Seine
schlanken Beine stecken in seinen schwarzen Hosen, seine
großen Füße in seinen neuen bequemen Schuhen und
darunter trägt er natürlich blaue Socken. Was er jetzt sucht,
ist ein hübsches Mädchen. Er möchte heute Abend mit ihr
nämlich in die neue Disko gehen!

Seite 135
Steigerung
1. a
1. Papier … Metall, 2. Der Pelzmantel … die Strickjacke,
3. Meine Haare … deine Haare

b

leichter – leicht, dunkler – dunkel, teurer – teuer

Man bildet den Komparativ so: Adjektiv + -er

2.

1. langsamer, 2. weniger, 3. leiser, 4. netter/freundlicher

3. a/b

1. länger, 2. größer, 3. jünger

Wenn das Adjektiv nur eine Silbe hat, werden a, o, u im Komparativ zu ä, ö, ü:

Seite 136

4.

R	E	N	N	Ü	D	D	I	C	K	E	R	B	C
S	C	H	Ö	N	E	R	D	M	E	H	R	R	M
E	K	Y	D	T	S	E	R	E	M	R	Ä	G	B
F	Ü	R	M	N	Ü	H	B	E	S	S	E	R	R
R	R	E	H	O	S	C	W	Ä	R	M	E	R	E
E	Z	G	Ö	Q	S	I	O	S	N	N	D	P	I
H	E	Ü	H	A	E	E	N	E	U	E	R	Q	T
Ä	R	L	E	J	R	R	R	E	R	E	A	T	T	E
N	H	K	R	E	M	L	I	E	B	E	R	Ö	R

schöner, dicker, näher, wärmer, süßer, breiter, lieber, höher, klüger, neuer, ärmer, kürzer, dünner, reicher, mehr, besser

5.

1. schwächer, 2. weicher, 3. wärmer, 4. mehr, 5. sauberer, 6. kälter

Seite 137

6. a

1. interessanteres, 2. besseren, 3. aktuellere, 4. bessere, 5. verwöhnteren

7. a

1. Peter … Hubert, 2. Jutta … Julia

b

dünn – am dünnstenn, dick – am dicksten, kurz – kürzeste, lang – am längsten

Man bildet den Superlativ so: am + Adjektiv + -sten

Seite 138

8.

alt – am ältesten, kalt – am kältesten, billig – am billigsten, schmutzig – am schmutzigsten, kurz – am kürzesten, groß – am größten, teuer – am teuersten, hoch – am höchsten

9.

1. Thomas, 2. Jürgen, 3. Andrea

10.

Essen: Es ist am besten. Preise: Sie sind am niedrigsten. Zimmer: Sie sind am schönsten. Betten: Sie sind am bequemsten. Personal: Es ist am freundlichsten. Service: Er ist am besten.

Seite 139

11.

1. Unsere Reise nach Spanien war die schönste Reise, die ich jemals gemacht habe.
2. Wir waren in Madrid, Barcelona und Córdoba, aber am schönsten war Sevilla.
Superlativ + Substantiv: die schönste Reise

Superlativ: am schönsten

Wenn das Adjektiv im Superlativ vor einem Substantiv steht, fällt am weg.

12.

das schönste Lächeln, die weißesten Zähne, das wundervollste Gesicht, die längsten Beine, den besten Charakter, die kürzesten Röcke, das raffinierteste Make-up, mein größtes Problem, die teuersten Geschenke, die schönsten Worte, der charmanteste Junge

13.

1. Honig, Honig, 2. Himmel, Himmel, 3. Erdbeeren, Erdbeeren

Seite 140

Man vergleicht Personen oder Sachen und sie sind gleich: Man nimmt einen Vergleichssatz mit (so) + Adjektiv + wie.

14.

2. so weiß wie Schnee, 3. so blau wie der Himmel, 4. so grün wie Gras, 5. so rot wie Wein, 6. so schön wie ein Bild

15. a/b

1. größer, kleiner, 2. schneller, langsamer, 3. länger, kürzer

Man vergleicht zwei Personen oder Sachen und sie sind gleich: Man nimmt einen Vergleichssatz mit Adjektiv im Komparativ und als.

Seite 141

16.

1. Du bist schöner als ich. Ich bin hässlicher als du. 2. Wir sind lauter als ihr. Ihr seid leiser als wir. 3. Peter ist jünger als sein Großvater. Sein Großvater ist älter als Peter. 4. Lisa ist dünner als Bärbel. Bärbel ist dicker als Lisa.

17. a/b

2. am besten, beste, 3. am kältesten, kälteste

Man vergleicht mehrere Personen oder Sachen und sie sind nicht gleich: Man nimmt einen Vergleichssatz mit Adjektiv im Superlativ und von.

18.

2. Deine Zähne sind die schönsten von allen. 3. Deine Beine sind die längsten von allen. 4. Dein Lächeln ist das fröhlichste von allen. 5. Deine Haare sind die weichsten von allen.

Seite 142

Verstärkung mit *viel* und *sehr*

1. a

1. viele, Quantität, 2. vielen, Quantität, 3. sehr, Intensität, 4. sehr, Intensität, 5. viele, Quantität

b

Nominativ: viele, Akkusativ: viele, Dativ: vielen

2.

sehr, viel, sehr, viele, sehr, viel, viele, sehr, sehr, viel, sehr, viel, viele, sehr, sehr, sehr, viel, sehr

Seite 144

Präpositionen

1.

beim, zum, zur, ans, am, vom, im, ins, ums

Präpositionen mit dem Akkusativ; Präpositionen mit dem Dativ

1. a
Akkusativ: gegen, Ohne, durch, für (2x), um, entlang, bis
Dativ: aus, von, beim, ab, mit, außer, Gegenüber, Nach, Seit, zum

Seite 145

b
Akkusativ: gegen, ohne, durch, für, um, entlang, bis
Dativ: aus, von, bei, ab, mit, außer, gegenüber, nach, seit, zu

Nach den Präpositionen *für, gegen, ohne, durch, um, entlang, bis* steht immer der Akkusativ. Nach den Präpositionen *aus, von, bei, ab, mit, außer, gegenüber, nach, seit, zu* steht immer der Dativ.

2.
1. dem, 2. die, 3. dem, 4. der, 5. dem, der, 6. dem, 7. die, den, den, der

3.
ohne seine, Ohne seinen, Mit, Mit, ohne, ohne ihren

4.
Ich bin für rauchfreie Bars. Ich bin gegen Rauchen. Ich bin für gleiche Rechte für alle. Ich bin für Schule ohne Noten. Ich bin für Naturschutz. Ich bin gegen Schule am Sonntag.

Seite 146

5.
(Hier musst du deinen Lehrer / deine Lehrerin fragen, ob deine Lösung richtig ist. Zum Beispiel:)
Ich mag Brot mit Butter.

Wechselpräpositionen

1.
Bilder oben: vor, hinter, neben, an, auf
Bilder unten: in, über, unter, zwischen

Seite 147

2.
2. Ich lege die Decke über den Sessel. Die Decke liegt über dem Sessel. 3. Ich lege die Decke ins Regal. Die Decke liegt im Regal. 4. Ich lege die Decke neben die Lampe. Die Decke liegt neben der Lampe. 5. Ich lege die Decke unter das Bett. Die Decke liegt unter dem Bett. 6. Ich lege die Decke vor die Vase. Die Decke liegt vor der Vase. 7. Ich lege die Decke hinter den Schrank. Die Decke liegt hinter dem Schrank. 8. Ich lege die Decke zwischen die Stühle. Die Decke liegt zwischen den Stühlen.

Die Präpositionen *auf, über, in, neben, unter, vor, hinter, zwischen* stehen mit dem Akkusativ (bei der Frage *wohin*?) oder mit dem Dativ (bei der Frage *wo*?).

3. a
2. Der Papierkorb gehört/kommt unter den Schreibtisch! 3. Das Foto von Oma gehört/kommt an die Wand! 4. Deine Hosen gehören/kommen in den Schrank! 5. Die Blumenvase gehört/kommt auf den Tisch! 6. Dein Fahrrad gehört/kommt hinter die Garage! 7. Der Nachttisch gehört/kommt neben das Bett!
b
2. Der Papierkorb ist unter dem Schreibtisch! 3. Das Foto von Oma ist an der Wand! 4. Meine Hosen sind im Schrank! 5. Die Blumenvase ist auf dem Tisch! 6. Mein Fahrrad ist hinter der Garage! 7. Der Nachttisch ist neben dem Bett!

Seite 148

Präpositionen des Ortes

1.
im, nach
an den, ins, zum, auf einen, in ein, in eine/die, nach, zu

Seite 149

2. a
(Hier musst du deinen Lehrer / deine Lehrerin fragen, ob deine Lösung richtig ist. Zum Beispiel:)
zu einer Party, in den Supermarkt, an den/einen See, in die/eine Disko, auf einen Berg, zu einem Freund/zu einer Freundin, nach Berlin, an den/einen Fluss, zum Fußball

3.
in, in einem, am, am, in der, am, im, auf der, im, am, bei, in einem

Seite 150

4.
<u>zum</u>, <u>zwischen</u>, <u>auf</u>, <u>auf die</u>, <u>in</u>, <u>durch</u>, <u>zum</u>, <u>über</u>, <u>für</u>

5.
am, durch den, die … entlang, bis zur, um die, in die, An der, die … entlang, bis zum, Am, in die, gegenüber dem, auf einer/der, unter dem

Seite 151

6.
(Hier musst du deinen Lehrer / deine Lehrerin fragen, ob deine Lösung richtig ist.)

Präpositionen der Zeit

1.
1. Am, am, 2. um, 3. In, 4. Vor einem, 5. Bei, 6. gegen, 7. in der, 8. Im, 9. Zu

Seite 152

2. a
1. Was macht ihr <u>am Wochenende</u>? 2. Was habt ihr <u>vor zwei Stunden</u> gemacht? 3. Was tut ihr (nicht mehr) <u>seit letztem Jahr</u>? 4. Was möchtet ihr mal <u>einen Tag lang</u> machen? 5. Was macht ihr <u>von Montag bis Freitag</u>? 6. Was wollt ihr <u>ab morgen</u> machen?
b
(Hier musst du deinen Lehrer / deine Lehrerin fragen, ob deine Lösung richtig ist.)

3.
1. Bis zur, 2. bis, 3. Ab dem, 4. Vom … bis (zum), 5. lang, 6. Seit dem

Seite 154

Modalpartikeln

1.
(Hier musst du deinen Lehrer / deine Lehrerin fragen, ob deine Lösung richtig ist.)

Seite 155

2.
1. doch, 2. denn, doch, 3. denn, 4. doch

3.

2. Sag mal, wie alt bist du denn? 3. Sag mal, welche Hobbys hast du denn? 4. Sag mal, wie lange lernst du denn schon Deutsch?

4.

2. Deine Mutter ist aber hübsch! 3. Deine Schwester ist aber unfreundlich! 4. Dein älterer Bruder sieht aber gut aus!

5.

2. Geh doch mal mit Zorro spazieren! 3. Lern doch wieder mehr! 4. Lass Mariechen doch schlafen!

6.

Lass ja meine Sachen in Ruhe! Hör ja nie wieder beim Telefonieren zu! Lies ja nie wieder meine Briefe!

Seite 156
7. a
1. doch, ja, 2. mal, 3. denn, 4. denn, doch, 5. denn, aber, doch
b
doch: Nachdruck bei einer Aufforderung
ja: du gibst nach
mal: freundliche Aufforderung
denn: Frage
denn: du bist erstaunt
doch: andere Personen sollten es wissen
denn: du ärgerst dich
aber: Widerspruch
doch: Nachdruck

Seite 158
Satz
Hauptsatz
1. a
1. Heute ist es sehr heiß. 2. Peter möchte ein Eis essen. 3. Er ruft Lisa an. 4. Sie hat aber keine Zeit. 5. Sie fährt morgen zu ihrer Tante. / Morgen fährt sie zu ihrer Tante. 6. Sie hat noch nichts gepackt.
b
Verben/Verbteile: 1. ist, 2. möchte, 3. ruft … an, 4. hat, 5. fährt, 6. hat … gepackt
Subjekt: 1. es, 2. Peter, 3. Er, 4. Sie, 5. Sie, 6. Sie

Im Aussagesatz steht das Verb 1 immer auf Position 2. Verb (- Teil) 2 steht immer am (Satz-)Ende. Das Subjekt steht vor oder hinter dem Verb 1.

Seite 159
2. a/b
W-Fragen: Wie geht es dir? Woher kommst du?
Ja-Nein-Fragen: Spielst du Fußball? Hat Lisa morgen Zeit?

W-Fragen:
Das Fragewort (wer, wie, was …) steht auf Position 1, das Verb auf Position 2.

Ja-Nein-Fragen:
Am Anfang steht das Verb. Die Antwort ist meist ja oder nein.

3.
2. f, 3. g, 4. a, 5. c, 6. d, 7. e

Seite 160
4.
1. Wer, 2. Wo, 3. Was, 4. Warum, 5. Wann

5.
2. Wohin gehen Lisa und Peter? 3. Leben sie in Köln? 4. Hat Peter eine Schwester? 5. Wie heißt sie?

6.
1. Mach das Fenster zu! 2. Seid vorsichtig! 3. Nehmen Sie Platz!

Verb(- Teil) 1 steht im Aufforderungssatz immer am Anfang. Verb(- Teil) 2 immer am Ende.

7.
1. Rufen Sie später noch einmal an! 2. Geht an die frische Luft! 3. Sprich nicht so laut! 4. Bringt morgen eure Turnsachen mit!

Seite 161
Verb(- Teil) 1 steht im Aussagesatz immer auf Position 2. Verb(- Teil) 2 steht am Ende.

Im Fragesatz steht das Verb(- Teil) 1 am Anfang oder hinter dem Fragewort. Im Aufforderungssatz am Anfang.

Das Subjekt steht im Aussagesatz vor oder hinter dem Verb (- Teil) 1.

Im Fragesatz und Aufforderungssatz bei der Sie-Form steht das Subjekt hinter dem ersten Verb.

Seite 162
8.
Zeitinformationen: 1. morgen Nachmittag, 2. heute
Kausale Informationen: 2. wegen des schlechten Wetters
Modale Informationen: 1. vielleicht, 2. wahrscheinlich
Lokale Informationen: 1. an den See, 2. zu Hause

Die Reihenfolge ist meistens: Zuerst die Zeitinformation, dann die kausalen Informationen, danach die modalen Informationen und am Ende die lokalen Informationen.

9.
1. Peter geht morgen in die Schule. 2. Die Klasse schreibt morgen vielleicht einen Test. 3. Peter muss heute Nachmittag für den Test lernen. 4. Er möchte lieber mit Alex ins Kino.

10.
2. Morgen schreibt die Klasse vielleicht einen Test. oder: Vielleicht schreibt die Klasse morgen einen Test. 3. Heute Nachmittag muss Peter für den Test lernen. 4. Lieber möchte er mit Alex ins Kino.

Seite 163
11. a
1. seiner, eine, 2. seinen, einen, 3. einen, 4. den, den
b
Akkusativ-Objekt: 1. eine Rose, 2. einen Brief, 3. einen Tipp, 4. den Weg
Dativ-Objekt: 1. seiner Freundin, 2. seinen Eltern, 3. Peter, 4. den Leuten

Das Akkusativ-Objekt steht hinter dem Dativ-Objekt.

12.
1. es dir, 2. sie ihm, 3. ihn

Wenn das Akkusativ-Objekt ein Personalpronomen ist, steht es vor dem Dativ-Objekt.

13.
1. sie ihm, 2. es ihm, 3. sie ihr/ihm, 4. es ihr, 5. sie ihnen

Seite 164
14.
Konjunktionen: 1. sondern, 2. denn, 3. aber, 4. und, 5. oder
Verben: 1. fährt, fährt, 2. fährt, mag, 3. möchte, erlauben, 4. fährt … fort, bleibt, 5. muss … verreisen, muss … lernen

Die Konjunktionen *und, sondern, aber, denn, oder* verbinden zwei Hauptsätze. Sie stehen zwischen den Hauptsätzen auf Position 0. In Hauptsätzen steht das konjugierte Verb auf Position 2.

15.
1. e, 2. b, 3. c, 4. a, 5. d

Seite 165
16.
1. sondern, 2. aber, 3. aber, 4. sondern

Darum, deshalb und *trotzdem* stehen meistens auf Position 1, vor dem Verb(- Teil) 1. Das Subjekt steht hinter dem Verb.

17.
Lisa ist müde, trotzdem geht sie nicht schlafen.
Lisa ist müde, deshalb geht sie ins Bett.
Alex hat Hunger, trotzdem isst er nichts.
Alex hat Hunger, deshalb isst er ein Stück Pizza.

Seite 166
Nebensatz
1.
1. wenn, 2. so … dass, 3. damit, obwohl, 4. Je … desto, 5. bevor, 6. wenn/nachdem, 7. während, 8. dass, weil, 9. als

Seite 167
2.
Verben: leben können, hören, anhalten können, werden können
Subjekte: Schlangen (4x)

Verb(- Teil) 1 steht im Nebensatz immer am Satzende.
Das Subjekt steht hinter der Konjunktion.

Seite 168
3.
2. Max sagt, dass Alex doch sicher bald eine andere kennen lernt. 3. Annette findet, dass die beiden überhaupt nicht zusammenpassen. 4. Jürgen meint, dass Alex und Julia ein wunderbares Paar sind.

4.
1. Ich denke, dass es mehr Ferien geben sollte. 2. Ich finde, dass die meisten Menschen zu viel Fleisch essen. 3. Ich glaube, dass zu viel Fernsehen gefährlich ist.

5.
1. Lisa möchte heute besonders gut aussehen, weil sie sich am Nachmittag mit Markus trifft. 2. Sie geht zum Friseur, bevor sie diese Verabredung hat. 3. Lisa liest eine Zeitschrift, während sie beim Friseur sitzt. 4. Die Frisur ist kaputt, bevor sie zu ihrer Verabredung kommt, weil es geregnet hat und Lisa keinen Regenschirm hatte.

6.
1. weil sie eine gute Kondition haben möchte. 2. obwohl sie manchmal gar keine Lust hat. 3. während ihr Mann nichts für seine Gesundheit tut. 4. nachdem sie die Einkäufe erledigt hat.

Seite 169
7. a/b
Hauptsatz – Nebensatz:
Er <u>möchte</u>, dass seine Gäste sich wohl <u>fühlen</u>. Peter <u>möchte</u> eine Party <u>machen</u>, weil er Geburtstag <u>hatte</u>.
Nebensatz – Hauptsatz:
Bevor seine Gäste <u>kommen</u>, <u>räumt</u> er die Wohnung <u>auf</u>. Obwohl er wenig Geld <u>hat</u>, <u>kauft</u> er viele Getränke, Chips und Popcorn.

Satzstellung Hauptsatz – Nebensatz: Das Verb(-Teil) 1 im Hauptsatz steht auf Position 2, das Verb(-Teil) 1 im Nebensatz am Satzende.
Satzstellung Nebensatz – Hauptsatz: Das Verb(- Teil) 1 im Hauptsatz steht am Anfang, das Verb(- Teil) 1 im Nebensatz am Satzende.

Seite 170
8.
1. Weil Peter diesmal eine 2 in Mathematik hatte, ist Frau Huber glücklich. 2. Obwohl ihr Mann spät nach Hause kommt, ist Frau Huber glücklich. 3. Wenn Frau Huber glücklich ist, ist Herr Huber auch glücklich. 4. Damit seine Frau nicht wütend wird, will Herr Huber morgen pünktlich nach Hause kommen.

9.
1. einmal: Als ich ein Kind war, gab es noch nicht so viele Autos. 2. einmal: Als ich ein Jahr alt war, ist der erste Mensch zum Mond geflogen. 3. öfter: Wenn ich meinen Vater gebraucht habe, war er immer für mich da. 4. öfter: Mein Bruder hat mir geholfen, wenn mich die anderen Kinder geärgert haben.

Seite 171
10.
1. Als ich geboren wurde, waren meine Eltern glücklich.
2. Wenn ich geschrien habe, war mein Vater immer nervös.
3. Wenn ich geschlafen habe, war mein Vater froh. 4. Als ich drei Jahre alt war, bin ich in den Kindergarten gekommen.
5. Als ich sechs Jahre alt war, bin ich in die Schule gekommen.

11.
Wann <u>wurde</u> Rom <u>gebaut</u>? – Ich weiß nicht, wann Rom <u>gebaut wurde</u>.
Wer <u>war</u> Cicero? – Ich weiß nicht, wer Cicero <u>war</u>.

Nur das Verb(- Teil) 1 steht am Satzende.

12.
<u>Hatten</u> die Römer Feinde? – Ich weiß nicht, ob die Römer Feinde <u>hatten</u>.
<u>War</u> Cäsar verheiratet? – Ich weiß nicht, ob Cäsar verheiratet <u>war</u>.

Die indirekte Frage von Ja-Nein-Fragen fängt mit der Konjunktion *ob* an. Das Verb(- Teil) 1 steht am Satzende.

Seite 172
13.
1. Können Sie mir bitte sagen, wann ich im August nach Paris fliegen kann? 2. Ich möchte gern wissen, was ein Ticket kostet. 3. Können Sie mir bitte sagen, ob es für Schüler eine Ermäßi-

gung gibt? 4. Ich möchte gern wissen, ob man einen Hund mitnehmen darf.

14. a
1. ob, 2. wie, 3. ob, 4. wie
b
1. a, 2. d, 3. c, 4. b

Seite 173
15.
Nominativ: das Mädchen → das, die Frau → die, die Leute → die
Akkusativ: der Junge → den, das Mädchen → das, die Frau → die, die Leute → die
Dativ: der Junge → dem, das Mädchen → dem, die Frau → der, die Leute → denen

Wenn das Bezugswort im Hauptsatz maskulin ist, ist das Relativpronomen auch maskulin.
Wenn das Bezugswort neutrum ist, ist das Relativpronomen auch neutrum.
Wenn das Bezugswort feminin ist, ist das Relativpronomen auch feminin.
Wenn das Bezugswort im Plural steht, ist das Relativpronomen auch im Plural.

16.
2. a, 3. e, 4. d, 5. b

Seite 174
17. a
2. Nominativ, 3. Dativ
b
1. … den Peter sympathisch findet. (Akkusativ), 2. … der schüchtern ist … (Nominativ), 3. … dem es in der neuen Schule gefällt … (Dativ)

Den Kasus vom Relativpronomen bestimmt das Verb des Relativsatzes.

18. a
der, der, der, den, den, den, der, dem
b
(Hier musst du deinen Lehrer / deine Lehrerin fragen, ob deine Lösung richtig ist.)

19.
1. den, 2. die, 3. das, 4. dem, 5. denen, 6. der

Seite 175
20.
2. Alex ist ein Junge, den Peter sehr mag. 3. Lisa ist eine Freundin von Peter, die Peter gut kennt. 4. Lisa und Peter gehen in ein Café, das sie sehr gemütlich finden. 5. Herr Huber, dem ich letzte Woche geholfen habe, ruft mich an. 6. Wer ist der Mann, dem deine Eltern die Wohnung gezeigt haben?

21. a
1. auf, 2. an, 3. über, 4. in, 5. aus
b
1. … auf die ich warte. 2. … an die ich mich noch gut erinnere. 3. … über den du lachst … 4. … in dem mein Papa geboren wurde. 5. … aus dem deine Freundin kommt?

Wenn das Verb im Relativsatz eine Präposition verlangt, steht die Präposition vor dem Relativpronomen.

Seite 176
22.
1. mit dem, 2. über das, 3. in der, 4. für das

23.
2. Mathematik ist ein Fach, mit dem Peter Schwierigkeiten hat.
3. Der 15. August ist der Tag, an dem Hubers geheiratet haben.
4. Ein Dosenöffner ist ein Gerät, mit dem man Dosen öffnet.

24.
das, die, die, für die, der

Seite 177
25.
2. Hast du nichts vergessen, was du heute in der Schule brauchst? 3. Hast du etwas erzählt, was der Lehrer lustig findet/fand? 4. Hast du alles gelesen, was du solltest?

26.
2. … in dem Computersachen verkauft werden. / … wo Computersachen verkauft werden. 3. … in dem er Alex getroffen hat. / … wo er Alex getroffen hat.

Seite 178
27.
2. … um dich in jeder Situation richtig zu verhalten. 3. … um später sicher zu fahren und um in der Kurve nicht umzufallen.

28.
1. Frau Huber putzt schon am Freitag die Wohnung, um am Wochenende freizuhaben. 2. Peter räumt auch sein Zimmer auf, damit seine Mutter sich nicht mehr ärgert. 3. Herr Huber geht auf die Bank, um Geld zu holen. 4. Frau Huber kocht, damit alle etwas essen können.

Seite 180
Negation
Negation mit *nicht*
1.
1. Nein, Peter mag Lisa nicht. 2. Nein, er ruft sie heute nicht an. 3. Nein, sie treffen sich am Abend nicht. 4. Nein, sie fahren gegen zehn Uhr nicht heim.

Seite 181
2.
1. ganzer Satz, 2. Satzteil, 3. Satzteil, 4. ganzer Satz

Negation mit *kein-*
1.
1. keinen, kein, keine, keine, 2. keinen, kein, keine, keine

2.
keinen Käse, keine Milch, keine Bananen, kein Eis

Seite 182
3.
1. keinen, keine, kein, nicht, nicht, nicht, keinen, nicht, 2. nicht, keine, keine, kein, keine, nicht, nicht, nicht, keine, keine, nicht, nicht

4.
2. Du denkst nicht den ganzen Tag an mich! 3. Du bringst mir keine Blumen mit! 4. Du vermisst mich nicht! 5. Du liebst auch unsere Kinder nicht! 6. Du kaufst ihnen keine Geschenke!

Notizen